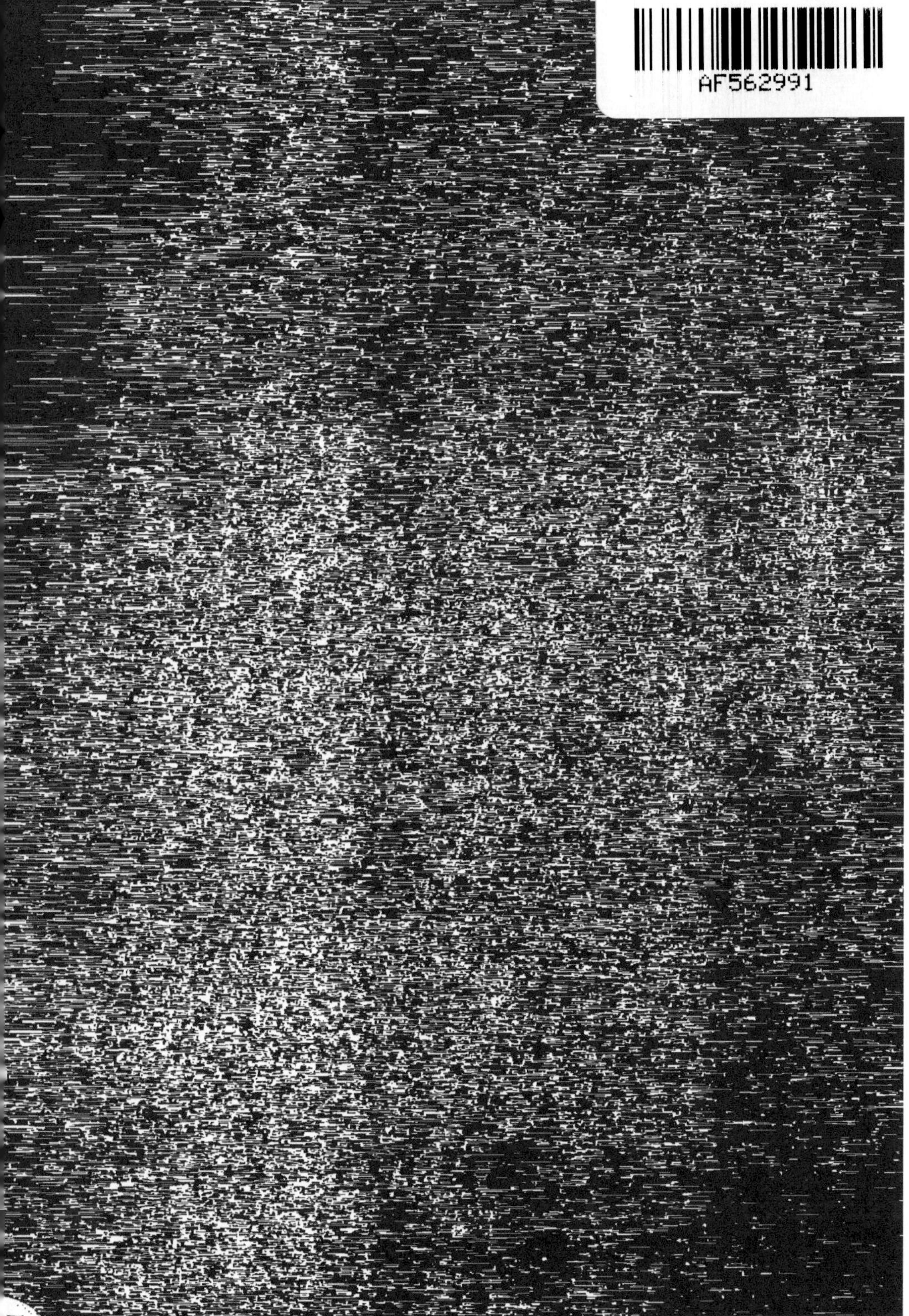

NOTICE BIOGRAPHIQUE

SUR

M. LE MARQUIS DE VILLEFRANCHE,

ANCIEN DÉPUTÉ ET ANCIEN PAIR DE FRANCE.

Extrait de la Revue générale biographique et nécrologique,

PUBLIÉE SOUS LA DIRECTION

DE M. E. PASCALLET.

Deuxième Édition.

PARIS. — 1846.

Egards et justice pour tous.

IMPRIMERIE DE MADAME DE LACOMBE,
rue d'Enghien 12.

VILLEFRANCHE (Joseph-Guy-Louis-Hercule-Dominique de Tulles, marquis de),

MARÉCHAL-DE-CAMP, CHEVALIER DE MALTE, DE LA LÉGION-D'HONNEUR ET DE L'ORDRE ROYAL ET MILITAIRE DE SAINT-LOUIS, ANCIEN DÉPUTÉ ET ANCIEN PAIR DE FRANCE.

Il naquit au château de Looze, près Joigny, en Bourgogne, le 25 septembre 1768, d'une des plus anciennes et des plus illustres familles de France. Originaire de Naples, cette maison s'établit ensuite en Piémont, et successivement à Avignon, en Provence et en Bourgogne. D'après un historien de la noblesse du comtat d'Avignon, un Faulcon de Tullia possédait en 1187 des fiefs dans le royaume de Naples. Le père Sébastien Fantoni, auteur de l'*Histoire italienne d'Avignon et du comtat Venaissin*, dit que la famille de Tulles descend d'un Jacques de Tullia, gentilhomme qui vivait à la cour d'Amédée VII, comte de Savoie, d'où Robert de Genève, qui établit son siége à Avignon, l'attira dans cette ville en 1380. Ce Jacques de Tullia établit en 1429, dans l'église des frères prêcheurs, à Avignon, une fondation pour une chapelle, destinée à l'inhumation de tous les membres de sa famille. Cette maison, une des plus importantes du comtat d'Avignon, a fourni plusieurs évêques, beaucoup de chevaliers de Malte, des officiers-généraux, des ambassadeurs, et a toujours contracté des alliances illustres et distinguées.

Le premier membre de cette famille sur lequel l'histoire fixe nos regards, est Jacques de Tullia, ou de Tulles, qui vivait vers le milieu du quatorzième siècle, et qui, de son mariage avec dame Marguerite de la Cépède, eut entre autres enfans, Gabriel, par lequel cette famille s'est perpétuée jusqu'à ce jour.

Edme-Jean-Dominique de Tulles, comte de Villefranche, seigneur de la Nerte-Looze-Brion-Bussy en partie, de Saint-Pierre, capitaine dans le régiment de Bourbon cavalerie, épousa le 27 novembre 1767, Louise-Julie de Ricard de Breganson, fille de Louis-Hercule de Ricard, marquis de Breganson, et de Joyeuse Garde, et de Marie de Vervins, dame baronne de Bédouin au comtat Venaissin. De ce mariage vint, entre autres enfans, l'illustre citoyen dont le nom est en tête de cette notice.

Il fit des études solides et brillantes, qu'il dirigea ensuite vers les sciences propres à former l'homme de guerre et à développer rapidement son expérience. Destiné dès son enfance, à embrasser la carrière des armes, il entra comme officier au corps des carabiniers de Monsieur, et officier d'état-major du comte de Narbonne Fritzlard ; il était dans cette position lorsque la révolution éclata et vint briser le brillant avenir militaire qui lui était réservé.

Profondément attaché, soit par les principes et les traditions puisées au foyer domestique, soit par son inclination naturelle à ce trône et à ces institutions qui avaient peu à peu élevé la France au premier rang des nations, le marquis de Villefranche se prononça avec force contre les innovations enfantées par la philosophie destructive du dix-huitième siècle, et dont la conséquence prochaine était la ruine de tous les élémens de force et de grandeur. Le danger devenant de plus en plus imminent, il alla rejoindre, en 1791, en Savoie, le lieutenant-général comte de Narbonne-Fritzlard, qui y commandait vers les frontières de France pour les princes français. M. le marquis de Villefranche servit sous ses ordres comme officier d'état-major.

Le marquis de Villefranche rentra ensuite dans sa patrie et y vécut éloigné des affaires publiques et cultivant toutes les vertus de la vie civile.

La rentrée des Bourbons en 1814 et 1815, vint lui fournir de nouvelles occasions d'employer, au profit de son pays, son activité, ses talens et cet amour du bien qui le caractérisait éminemment.

En 1814, il reçut de S. M. Louis XVIII la décoration de l'ordre royal et militaire de Saint-Louis.

L'année suivante, après les cent-jours, le marquis de Villefranche fut nommé inspecteur des gardes nationales de l'Yonne, avec le grade de maréchal-de-camp; en cette qualité, lorsque cette portion de la France eut été évacuée par l'armée bavaroise, il y réorganisa les gardes nationales, sut leur communiquer son enthousiasme, et s'acquérir promptement des droits à leur affection. Grâce à leur zèle, la paix publique ne reçut aucune atteinte, et les sacrifices qu'elles s'imposèrent, furent d'autant plus méritoires que deux invasions, presque coup sur coup, avaient causé aux populations des pertes et des souffrances considérables.

Une ordonnance royale du 2 octobre 1816, en récompense de leurs services signalés, accorda à ces gardes nationales la décoration du lys, dont elle déterminait les couleurs.

S. A. R. Monsieur, depuis Charles X, adressa lui-même cette ordonnance au marquis de Villefranche, et accompagna cet envoi d'une lettre dont nous rapporterons le passage qui la termine : « Je ne doute point que ce prix de leur » dévouement ne les porte à servir avec un nou» veau zèle le roi et la patrie. Continuez, M. le » marquis de Villefranche, de leur en donner » l'exemple et de mériter leur confiance. Les » vertus de l'homme relèvent encore les quali» tés du chef, et je saisis cette occasion de vous » dire combien votre conduite à Pont-sur-Yonne » ajoute à mon estime et à mes sentimens pour » vous. »

Pour bien comprendre le sens de cette dernière phrase, il est nécessaire de dire que Pont-sur-Yonne ayant été en proie à une inondation de l'Yonne, qui y avait apporté la ruine, la désolation et la mort, le marquis de Villefranche, qui traversa cette ville au moment du désastre, remit au maire une somme de trois cents francs pour être distribuée entre ceux qui avaient le plus souffert.

En 1815, le marquis de Villefranche fut porté comme candidat à la députation nationale par l'arrondissement de Joigny.

En 1816, il présida le collége électoral de cette ville et fut porté comme candidat aux deux colléges de Joigny et de Tonnerre ; il fut nommé député du premier de ces colléges.

Reçu à la Chambre élective, il fixa bientôt sur lui l'attention publique par son activité, et la supériorité qu'il déploya dans la discussion des questions politiques et des questions spéciales et d'économie politique. Ses discours sur l'aliénation des bois dits de l'état à la Caisse d'amortissement, sur les contributions indirectes, sur la loi de recrutement, sur le projet de loi des voies et moyens, sur une pétition tendant à excepter des ventes de bois les forêts de l'Ile-Adam et de Carnelle, sur le projet de loi relatif à la circonscription des colléges électoraux, sur celui relatif à la censure des journaux, sur le budget de 1822, frais de régie et de perception des forêts, et sur le projet de loi de finances (clergé, ministère de la guerre et crédits pour le recouvrement des impôts forêts), attestent l'immense variété des connaissances du marquis de Villefranche et la sagesse des vues que lui inspirait son désir de voir la France développer et mettre en œuvre, à la faveur de la paix et à l'ombre du trône, les élémens de prospérité, de force et de grandeur que la Providence y a semés avec profusion. Ces discours ont été et sont encore chaque jour lus et médités par tous ceux qui se sont mêlés, ou se mêlent aux affaires publiques, soit dans la presse, soit dans l'arène parlementaire. Nous regrettons que les limites qui nous sont imposées nous empêchent de donner un compte-rendu aussi complet qu'ils le méritent des travaux parlementaires de l'honorable marquis; toutefois, nous ne pouvons résister au plaisir de citer quelques fragmens des discours qu'il prononça à la séance du 5 mars 1817, sur le projet de loi concernant l'aliénation des bois, dits de l'Etat, à la Caisse d'amortissement, et à celle du 29 janvier 1818, sur le projet de loi du recrutement (titre VI de l'avancement), qui était conçu de manière à diminuer les prérogatives du trône et à annihiler un des articles de la Charte.

Dans le premier de ces discours, l'orateur plaidait la cause du clergé, démontrait la nécessité de rendre à ce corps les forêts et les bois dont on l'avait dépouillé, et de se séparer ainsi d'un passé souillé par l'iniquité. Chacun, en écoutant ces accens empreints de tant de tristesse et d'énergie, sembla voir la tribune transformée en la chaire de vérité, et se rappela involontairement Bossuet, humiliant et brisant l'orgueil des hommes, en entassant les ruines des monumens qu'ils croyaient devoir braver tous les efforts du temps, et qui avaient duré à peine un jour. Après avoir rappelé qu'il ne nous était resté que des besoins, des privations, des souffrances de toute sorte, de ces richesses que la violence et l'arbitraire nous avaient ramassées par toute l'Europe, il poursuit en ces termes :

« Ah ! si vous voulez que la nôtre (la révolu-
» tion) soit terminée, séparez donc le passé d'a-
» vec le présent et l'avenir ; leurs lois sont diffé-
» rentes, leurs principes sont opposés ! La religion
» est une émigrée rentrée parmi nous; elle ne doit

» pas être traitée moins favorablement que ceux
» qui furent proscrits comme elle... (Mouvement
» d'adhésion.) La justice ne peut avoir deux poids
» et deux mesures, et nous commande impérieu-
» sement de rendre à l'Église de France ses bois.
» Oui, Messieurs, les peuples ont les yeux sur
» vous ; vos opinions retentissent dans leurs
» chaumières ; ils sont attentifs à vos détermina-
» tions, en voyant toutes les calamités que nous
» éprouvons par l'intempérie des saisons, et les
» mesures spoliatrices de la révolution se pro-
» longer ; ils se demandent si le ciel veut encore
» les frapper ! quelles nouvelles fautes ils ont
» encore à expier après de si longs malheurs, car
» la guerre a aussi ravagé leurs champs et ils ont
» éprouvé tous les fléaux qui en sont la suite ; ils
» n'ont point oublié que Dieu les a délivrés d'un
» usurpateur furieux, dont la puissance colossale
» a si long-temps étonné le monde ; il s'en était
» servi pour punir les peuples les uns par les
» autres, et il a brisé cet instrument de ses ven-
» geances quand il lui a plu, par des moyens que
» nous ne pouvions prévoir et presque inconnus
» aux hommes ; il a été réduit à une captivité
» qui servira d'exemple à tous les usurpateurs
» qui asservissent et maintiennent leur puissance
» éphémère par les violences et la tyrannie ; sa
» chute fut décidée dans les pays glacés du nord,
» par la volonté divine qui l'y conduisit en l'a-
» bandonnant à cet esprit d'erreur et d'aveugle-

» ment, avant-coureur de sa chute? Des bords du » Volga aux rives de la Seine, les peuples qui fu- » rent témoins de ses victoires, l'ont été ensuite » de ses revers, et ils ont vu finir sa puissance » dans le même palais où si long-temps il avait » tenu prisonnier le chef visible de l'Eglise, qui » n'avait pas été à l'abri de ses outrages; com- » me si Dieu avait voulu montrer, par ce dernier » trait, que c'est lui qui punit les peuples et ceux » qui les gouvernent. Reconnaissons donc, Mes- » sieurs, la puissance de celui qui tient dans » ses mains la destinée des états! Rendons à Cé- » sar ce qui est à César, et à Dieu ce qui est à » Dieu; prenons la résolution de ne pas laisser » mettre à l'encan les bois de l'Eglise, ces pré- » cieux biens qu'elle tenait de la munificence » de nos rois et de la piété de nos pères; le trône » et l'autel se doivent un mutuel appui; l'un ne » peut exister sans l'autre, et la religion rendra » à la France, avec usure, tout le bien que vous » lui ferez. »

Voici maintenant le résumé du second de ces discours :

« Tous les souverains jouissent du droit inhé- » rent à leurs couronnes, de nommer, sans le » concours de la loi, à tous les grades dans » leurs armées; des présidens et chefs de répu- » blique ont même ce droit, et nous irions ravir » à notre roi légitime la plus précieuse de ses » prérogatives royales, celle sans laquelle l'anar-

» chie nous dévorerait une seconde fois? Non,
» Messieurs, nous aimons trop notre roi et
» notre patrie, et nous avons trop d'expé-
» rience pour commettre une si grande faute;
» fortifions le pouvoir royal au lieu de l'affaiblir
» en voulant le partager, et restons dans les bor-
» nes que la Charte nous garantit. L'expérience
» de vingt-cinq ans de révolutions serait-elle
» donc perdue pour nous; l'horrible 21 jan-
» vier, que nous déplorons tous comme le
» crime le plus épouvantable de notre histoire,
» nous apprend comme aux rois, que sans le
» pouvoir suffisant, ils ne peuvent arrêter les
» révolutions et que les peuples en sont tou-
» jours les tristes victimes... Aussi, Messieurs,
» vous repousserez une telle concession comme
» funeste au roi et à la monarchie, comme fu-
» neste à la France qui nous a envoyés ici pour
» stipuler ses intérêts et non les méconnaître.
» Au roi seul appartient le droit de faire par des
» ordonnances sur l'avancement tout ce qu'il ju-
» gera utile au bien du service dans l'armée ; ce
» droit est inhérent à sa couronne, il le tient de
» ses ancêtres et il doit le transmettre intact à
» ses successeurs; nous saurons tous respecter
» ses volontés. Mais je finis par une dernière ré-
» flexion : si chez un peuple voisin, jaloux de
» ses droits et de ses libertés, un ministre du
» roi s'avisait de faire une telle proposition de
» loi, je vous le demande, Messieurs, comment

» serait-elle accueillie par la Chambre des pairs » et des communes en Angleterre. Une telle vio- » lation des droits de la couronne serait rejetée » à l'unanimité; aussi, pour remplir mes devoirs » de bon et loyal député envers mon roi et ma » patrie, je demande que le titre VI sur l'avance- » ment soit rejeté de la loi qui vous est présen- » tée, comme étant une violation des droits de la » prérogative royale et de l'article 14 de la » Charte. »

En récompense des services signalés qu'il avait rendus à la cause de l'ordre, des lois et des institutions monarchiques qui sont les premiers besoins des Français, le marquis de Villefranche fut promu à la pairie en 1823. Il avait exercé les fonctions de député pendant huit années consécutives et avait constamment joui, dans la Chambre élective, de cette haute influence qui résulte d'un talent éminent, de l'élévation du caractère, de la pureté et de la fermeté des convictions politiques.

Il soutint l'éclat de sa réputation à la Chambre des pairs, et fut un des membres de cette assemblée qui lutta avec le plus d'énergie et de persévérance contre la faction révolutionnaire. Le marquis de Villefranche monta souvent à la tribune et se fit écouter de ses collègues avec le plus vif intérêt. Il parla en faveur des projets de loi sur le sacrilége et sur l'indemnité, et fut un des plus brillans et des plus solides défenseurs d'un système politique qui, si l'application eût pu en être continuée, aurait épargné à la France les calamités qui l'ont depuis affaiblie.

La retraite de M. de Villèle amena au pouvoir des hommes qui, s'abusant sur les véritables intentions des ennemis du trône, s'imaginèrent qu'en entrant dans la voie des concessions, ils les amèneraient à déposer les armes au pied du trône.

M. de Villefranche se prononça hautement contre toute transaction avec des principes destructifs de tout ordre social.

A la session de 1828, il prit la parole dans la discussion générale du projet de loi relatif aux listes électorales, et de celui sur la presse périodique ; par son élocution claire, franche et harmonieuse, il séduisait l'oreille en même temps que par la vigueur de son argumentation, il s'emparait victorieusement de l'esprit.

Dans ce même discours sur la presse périodique, le marquis de Villefranche présenta la situation de la France, sous les plus sombres couleurs : on eût dit que son regard perçant entrevoyait la déplorable catastrophe qui éclata deux ans après.

« Si la licence de la presse n'est pas énergi-
» quement réprimée, dit-il, les mêmes doctrines
» nous entraîneront de nouveau dans le même
» abîme. L'expérience de vingt années serait-elle
» donc sitôt oubliée!... C'est pour ne pas exposer

» la France à retomber dans l'abîme des révolu-
» tions, d'où elle est à peine sortie, qu'il faut re-
» pousser le présent funeste d'une liberté illimi-
» tée qui touche de si près à la licence... »

Durant la session de 1829, le marquis de Villefranche se montra digne de ses glorieux antécédens, et ne cessa pas un seul instant d'être sur la brèche.

Après la dissolution de la Chambre, en 1830, il présida le collége électoral de l'arrondissement de Joigny, et démontra victorieusement, dans le discours qu'il prononça au sein de cette assemblée, que toute tentative tendant à dépouiller le roi de sa prérogative la plus précieuse, celle de faire les règlemens et ordonnances nécessaires pour l'exécution des lois et la sûreté de l'état, menait tout droit à la destruction de la monarchie. « La première des libertés publiques de la
» France, disait-il très bien, c'est la liberté de
» son roi dans le choix de ses ministres, confor-
» mément à l'article 14 de la Charte; mais la
» faction révolutionnaire veut lui en imposer
» d'autres pour s'emparer du pouvoir; si le roi
» cédait, le pouvoir royal serait détruit, et le
» gouvernement légitime des descendans de Saint
» Louis, de cette vénérable et antique monarchie
» que, dans ses décrets impénétrables, la divine
» Providence nous a rendue, et dont les Fran-
» çais saluèrent l'heureux retour par de si vives
» acclamations, aurait cessé d'exister et serait

» remplacée par une nouvelle usurpation, ou » cette chimère de république qui a couvert la » France de ruines et d'échafauds. » Quelques jours après, la tempête politique frappa trois générations de rois. La mission de M. le marquis de Villefranche était dès-lors terminée, et il ne put désormais faire que des vœux pour sa patrie, qu'il aimait si tendrement. Il ne nous reste donc qu'à rapporter ici la lettre, que dans ces graves circonstances il adressa au président de la Chambre des pairs ; elle porte la date du 26 septembre 1830. « M. le président, j'ai appris » par les journaux que la Chambre des pairs » avait adopté un projet de loi, rendu par la » Chambre des députés, qui enjoint à tous les » pairs de France de prêter un nouveau serment; » il est de mon devoir de faire connaître quels » sont les motifs qui m'empêchent de le prêter. » J'ai exprimé et répété souvent que la légitimité » était le principe du bonheur et de la stabilité » des états ; c'est parce que j'en ai la conviction, » et que l'expérience a prouvé à la France que » la légitimité est pour elle une des principales » garanties de sa tranquillité. Et comment pourrais-je dans ce moment exprimer le contraire? » Ma conscience me le défend, et elle m'ordonne » de m'en tenir à mon ancien serment. Je vois » avec plaisir, par plusieurs lettres insérées dans » les journaux, et notamment par celle de M. le » comte de Kergorlay, que les principes que je

» m'honore de professer le sont également par
» un grand nombre de mes honorables collègues.
» Je vous prie, M. le président, de vouloir bien
» donner connaissance à la Chambre des pairs de
» cette lettre, et de la faire déposer dans les ar-
» chives de la Chambre. Agréez, etc.

» Le marquis DE VILLEFRANCHE, pair de France. »

Rentré dans la vie privée, il s'appliqua à cultiver en silence les vertus civiles, et continua à donner autour de lui les plus nobles et les plus utiles exemples, et surtout celui d'une ingénieuse et inépuisable bienfaisance.

Le marquis de Villefranche avait également présidé le collége électoral du premier arrondissement de l'Yonne, en 1821, en 1823 et en 1827, et pendant plusieurs années, le conseil-général du département de l'Yonne, dont il a été membre depuis 1815 jusqu'à la révolution de 1830.

Le marquis de Villefranche s'était marié en janvier 1793, à Franchemont, près de Liége, avec dame Marie-Charlotte-Alexandrine de Lannoy, comtesse du Saint-Empire, dame de la Croix étoilée de Marie-Thérèse en Autriche, issue de la maison de Lannoy, une des plus illustres et des plus anciennes de la Flandre, qui a fourni des princes souverains.

De cette union sont issus :

1° Adrien-Eugène-Gaspard de Tulles, comte de Villefranche, né à Lyon en 1793, chevalier de Malte, qui a servi sous la restauration dans la maison du roi.

2° Alexandrine-Louise-Marie, mariée à M. le comte de La Bourdonnaye.

3° Edmée-Constance, mariée à M. le comte de Choiseul-d'Aillecourt.

4° Augustine-Ferdinande, mariée à M. le comte Destut d'Assay.

5° Léontine-Charlotte, mariée à M. le comte Charles de Maleissye.

Le comte de Villefranche a épousé Mademoiselle Alix de Béarn, petite-fille de la duchesse de Tourzel; il soutient dignement l'éclat du nom qu'il porte, et se fait surtout remarquer, à l'époque d'égoïsme et de dureté de cœur où nous vivons, par la générosité de ses sentimens. Parmi les actes de bienfaisance que son extrême modestie n'a pu dérober à la connaissance du public, nous citerons le suivant qui remonte à l'année 1828, et dont les journaux du temps rendirent compte : Un ouvrier, père de famille, et sa femme, venaient de périr le même jour ensevelis dans de la tourbe, dans la commune de Boux, canton de Flavigny (Côte-d'Or). Ces infortunés laissaient cinq enfans, dont le plus jeune était encore à la mamelle, et l'aîné à peine âgé de onze ans. Le comte de Villefranche se trouvant à son château de Thenissey, M. le curé de Boux alla lui faire le tableau affligeant de l'abandon où se trouvaient les cinq orphelins. M. de Villefranche n'écoutant que les nobles inspirations de son cœur, prit aussitôt trois de ces enfans à sa charge, et le respectable curé, imitant saint Vincent de Paul, prit lui-même les deux autres, bien qu'il fût sans fortune. Pour être loués convenablement, de pareils traits n'ont besoin que d'être racontés.

La maison des seigneurs de Trébillanne, en Provence, est une branche cadette de la maison de Villefranche.

Armes d'argent au pal de gueules, chargés de trois papillons d'argent, miraillés d'azur.

H. DE LESTRÉES.

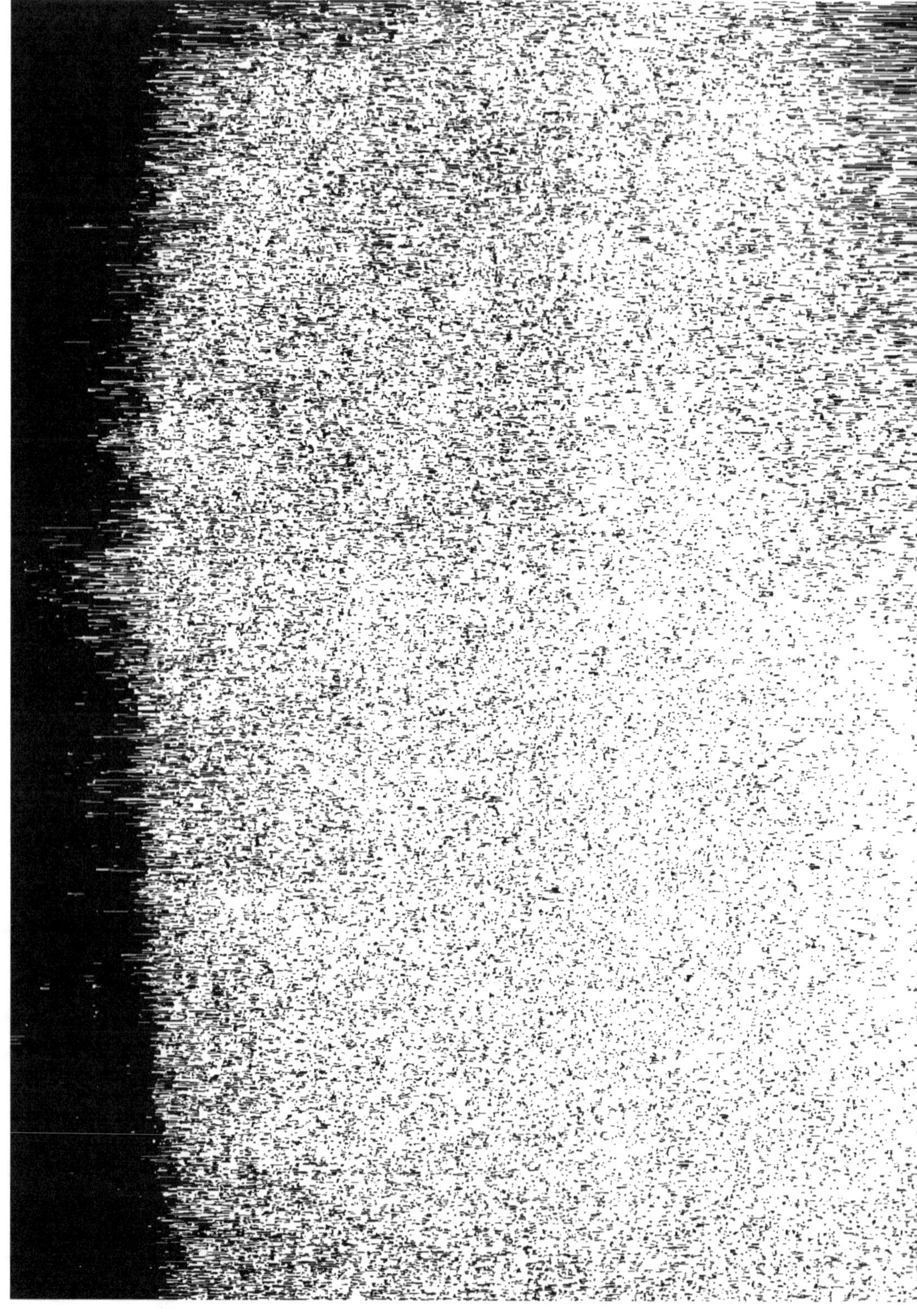

www.ingramcontent.com/pod-product-compliance
Lightning Source LLC
LaVergne TN
LVHW010251230826
846091LV00007B/2914

* 9 7 8 2 0 1 2 3 9 5 3 4 3 *